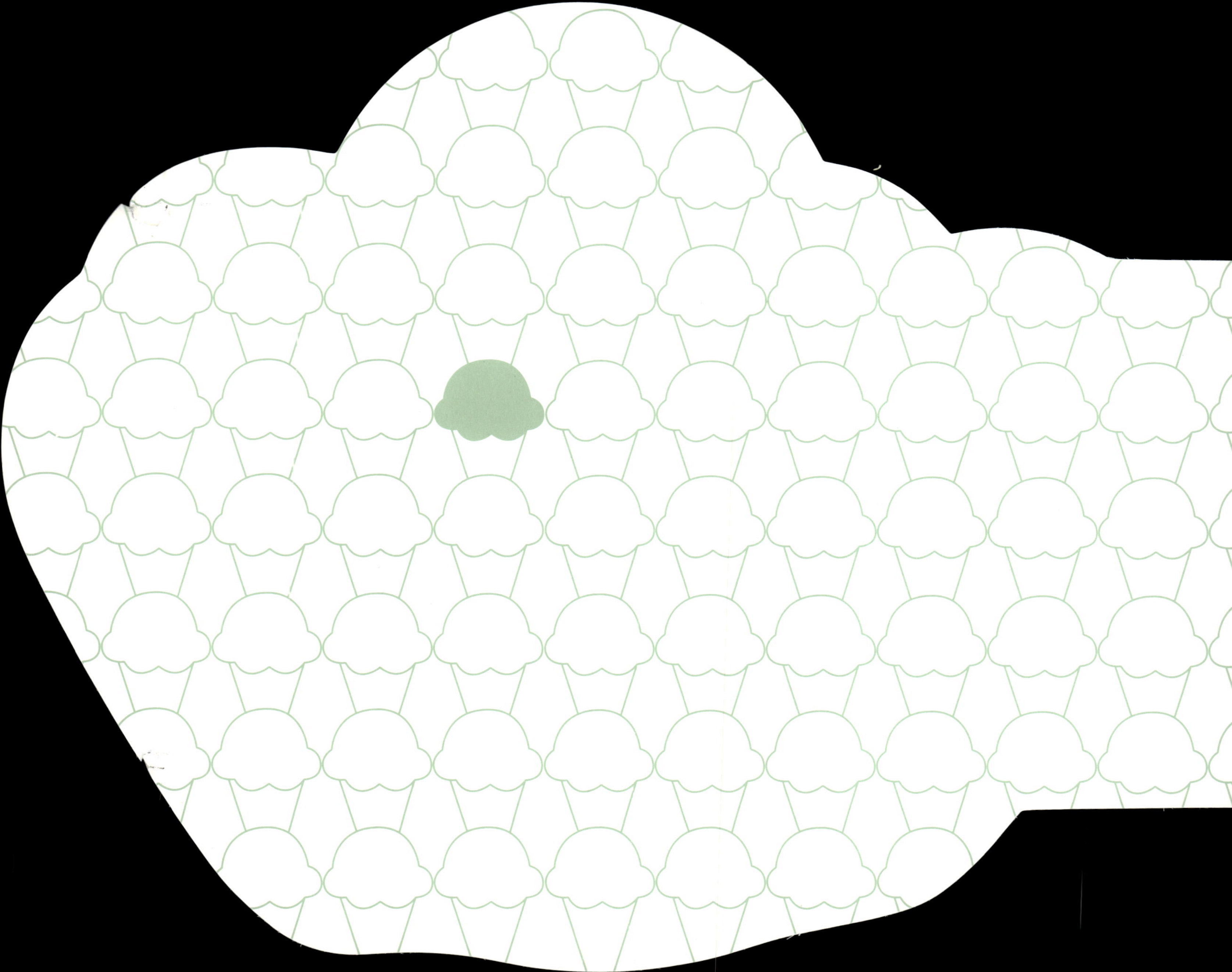

HERAUSGEGEBEN VON

ACADEMIA BARILLA

FOTOGRAFIEN

ALBERTO ROSSI
CHEF MARIO GRAZIA

REZEPTE

CHEF MARIO GRAZIA

TEXTE VON

MARIAGRAZIA VILLA

GRAFISCHE GESTALTUNG

MARINELLA DEBERNARDI

KOORDINATION ACADEMIA BARILLA

CHATO MORANDI
ILARIA ROSSI

INHALT

ALLES EIS

50 Rezepte mit Pfiff

ACADEMIA BARILLA

EIN KÜHLER UND SÜSSER GENUSS

Italien ist die Wiege der Kunst und kann auch als Wiege der Kunst der Eisbereitung gelten.
Georges Auguste Escoffier, *Le Guide Culinaire,* 1903

Lecker. Süß. Immer anders. Zart und unbeschwert, manchmal auch etwas frech. Kühl und angenehm. Im Sommer wie im Winter. Oft denken wir an Freundschaft, Urlaub und Freiheit. Wenn es etwas gibt, das uns an den Geschmack der Kindheit erinnert, dann ist es Eiscreme. Gibt es etwas Schöneres, etwas, das mehr Freude bereitet? Wie ist es, sich dem zärtlichen Genuss einer Woge von Fiordilatte hinzugeben oder der knusprigen Musik in Schokolade getauchter Haselnüsse oder der unendlichen Zartheit von Sahne? Wie ist es, von einer Duftspirale aus Mango oder Passionsfrucht umhüllt zu werden? Und wie, sich von den gelungensten Geschmackskombinationen und den fantasievollsten Kontrasten an Konsistenz, Farbe und Duft überraschen zu lassen? Eis ist wirklich ein Erlebnis. Eiscreme ist nicht nur eine Gaumenfreude, sondern eine Symphonie der Sinne, die den Geist und das Herz verwöhnt.

Eine lange, erfrischende Geschichte ...
Glaubt man der Bibel, dann war es Abraham, der als Erster das Glück hatte, ein Eis zu genießen. Es heißt, sein Sohn Isaak habe ihm ein mit gefrorenem Wasser gemischtes Ziegenmilchgetränk angeboten und gesagt „Iss und trink: Die Sonne brennt, so kannst du dich etwas erfrischen".
Fest steht, dass es bereits bei einigen alten Völkern wie den Babyloniern, Ägyptern, Griechen und Römern den Brauch gab, Süßes zu kühlen, zum Beispiel frisch gepressten Fruchtsaft. Ein Rezept, das uns von Plinius dem Älteren überliefert wurde, beschreibt wie man eine Art Sorbet herstellt, indem man fein zerstoßenes Eis, Honig und Fruchtsaft vermischt.

Eine entscheidende Rolle spielten jedoch die Araber, und das Wort „Sorbet" leitet sich wohl auch von einem dieser beiden arabischen Wörter ab: „sherbet" (süßer Schnee) oder „sharber" (schlürfen). Als die Araber 827 nach Sizilien kamen, begannen sie, den Schnee des Ätna, der Monti Iblei oder der Madonien mit Fruchtsäften, vor allem dem Saft der Zitrusfrüchte, Kräutern, Gewürzen und kostbarem Zuckerrohr zu mischen, und erhielten so duftende und köstliche gefrorene Desserts. Doch das Eis in der Form, wie wir es heute kennen, ist eine rein italienische Erfindung ...

Der Geflügelhändler und die Sorbets ...

„Mit Ihrer Erlaubnis kehre ich zu meinen Hühnern zurück, in der Hoffnung, dass mich die Leute endlich in Frieden lassen und sich damit zufriedengeben, mein Eis zu genießen." So endete ein Brief des Kochs Ruggeri an Katharina de' Medici. Er hatte im 16. Jahrhundert alte und längst vergessene Rezepte wieder ans Licht gebracht und so dem Sorbet zu neuen Ehren verholfen. Ein paar Jahre zuvor hatte Ruggeri, ein bescheidener Geflügelverkäufer, an einem kulinarischen Wettbewerb mit dem Thema „Das ungewöhnlichste Gericht" teilgenommen. Hier präsentierte er ein „gefrorenes Dessert". Sein Rezept für „süßes und aromatisiertes Wassereis" erlebte so viel Zustimmung, dass Katharina de' Medici, die Verlobte des zukünftigen Königs von Frankreich Heinrich II, beschloss, Ruggeri zu einem ihrer Hofköche zu machen. Das im Jahre 1533 veranstaltete Hochzeitsbankett wurde ein voller Erfolg, was nicht zuletzt den fantastischen Sorbets von Ruggeri zu verdanken war. Der europäische Adel begann, Katharina viel Geld zu bieten, um diesen Koch zu ergattern. Sie weigerte sich, doch Ruggeri wurde von anderen Köchen beneidet und angefeindet und sogar verprügelt und bestohlen. Schließlich beschloss er, die Schürze abzulegen und zu seinem früheren Leben zurückzukehren. Besser wieder Hühner rupfen als selbst gerupft zu werden wie ein Huhn.

Der Eis-Architekt

Der zweite Protagonist in der Geschichte der Eiscreme war ein Florentiner Architekt, der eine Vorliebe für das Kochen hatte: Bernardo Buontalenti. Es war ein Vertreter der Renaissance, wie er im Buche steht, nicht nur Architekt, sondern auch Maler, Bildhauer, Miniaturmaler, Militäringenieur und Theatermaschinist. Es scheint der Erste gewesen zu sein, der Milch, Sahne und Eier verwendete, um ein gefrorenes Dessert und somit Eiscreme im modernen Sinn herzustellen. Anlässlich der Ankunft von hohem Besuch aus Spanien in Florenz beauftragte ihn Großherzog Cosimo I. 1559 damit, „so prächtige Feste zu organisieren, dass die Ausländer, und besonders die Spanier verrückt würden." Am besten schmeckte den Gästen Buontalentis Zabaioneeis mit Früchten. Dieses Eis war so gut, dass von diesem Moment an Eiscreme eine neue Bedeutung bekam, eine vollere und cremigere im Vergleich zu den bis dahin bekannten Sorbets, und so zu einem süßen und nahrhaften, und nicht nur erfrischenden Genuss wurde.

Der Fischer der Köstlichkeiten

Ein Sizilianer aus Catania begann schließlich, mit Eis Geschäfte zu machen: Der Genuss war nicht mehr nur dem Adel vorbehalten, stattdessen wurde diese Leckerei nun einem breiteren Publikum zugänglich. Francesco Procopio Cutò „de' Coltelli" (in Frankreich nannte er sich später „Couteaux"), ein einfacher Fischer aus Aci Trezza, suchte mit einer Maschine zur Herstellung von Sorbets in Paris sein Glück. Diese hatte sein Großvater Francesco erfunden, ein genialer Fischer, der eine Methode erdacht hatte, um die Mischung aus Früchten, Eis und Honig noch homogener zu machen. Nachdem Procopio die Maschine weiter perfektioniert hatte, eröffnete er im Jahr 1686 in Paris das erste Eiscafé der Weltgeschichte, das „Café Procope", das bald zum

Treffpunkt für die Intellektuellen wurde. Das hervorragende Eis wurde vom Sonnenkönig höchstpersönlich gelobt. Das „Procope" wurde in den kommenden Jahrhunderten von Persönlichkeiten wie Voltaire, Balzac oder Victor Hugo besucht. Berühmt wurde das Zeugnis eines Freundes von Oscar Wilde, der erzählt, wie der irische Schriftsteller die Gewohnheit hatte, im „Procope" bei einem Eisbecher über sein Leben zu sinnieren.

Eistüten und andere Varianten zum Mitnehmen

Dank der italienischen Eismacher wurde die kalte Leckerei in der ganzen Welt bekannt. Auch in den USA, wo Giovanni Bosio aus Genua 1770 in New York die erste Eisdiele auf amerika-nischem Boden eröffnete. Ein weiterer Italoamerikaner, Vittorio Marchionni aus Cadore, ließ 1903 die erste Eistüte patentieren: eine echte Revolution, denn bis dahin war der Genuss von Eis auf der Straße nicht üblich. Der Vorfahr der Eistüte war die „Parigina", eine Portion Eis zwischen zwei Waffelblättern, sie war Anfang des 20. Jahrhunderts von Giovanni Torre aus San Remo während eines Parisaufenthalts erfunden worden. Auch die Eiswaffel wurde in Paris erfunden, und das bereits ein Jahrhundert zuvor im Jahr 1803, von einem weiteren italienischen Auswanderer: dem Neapolitaner Alessandro Tortoni, dessen berühmtes Eiscafé „Café Napolitaine" oft Besuch von Gioacchino Rossini erhielt.

Ein echtes Nahrungsmittel

Speiseeis kann grob in zwei Gruppen eingeteilt werden (Vincenzo Agnoletti war es, Likörbrenner und Bediensteter von Marie Louise von Österreich, der 1830 zuerst die verschiedenen Arten von Eis klassifizierte): „Cremeeis", wenn es Milch, Sahne, Zucker, Eier und andere Zutaten wie Scho-

kolade, Kaffee, Mandeln, Haselnüsse usw. enthält; und „Fruchteis“, wenn das Eis aus Wasser, Saft und/oder Fruchtmark und Zucker (in manchen Fällen für cremigere Eissorten auch mit Milch statt mit Wasser) hergestellt wird. Ein „Sorbet“ dagegen enthält weder Fett noch Milch oder andere Milchprodukte. Cremeeis ist nicht nur lecker, sondern auch ausgewogen, da es Eiweiß, Fett und Kohlenhydrate im richtigen Verhältnis und außerdem Mineralien und Vitamine enthält. Da Cremeeis hauptsächlich aus Milch besteht, ist es reich an Kalzium, Phosphor, Vitamin A und Vitaminen der B-Gruppe (insbesondere, B1 und B2). Cremeeis ist sehr nahrhaft und kann so vor allem in den Sommermonaten ein Mittag- oder Abendessen ersetzen.

Die beliebtesten Eissorten, nicht nur der Italiener

Die Academia Barilla, ein internationales Zentrum für italienische Küche, hat fünfzig Rezepte für dieses leckere Dessert ausgewählt. Darunter Cremeeis, Sorbets, Granitas und Wassereis am Stiel. Von den einfachsten Kreationen wie Zitroneneis, bis hin zu aufwendigeren Rezepten wie der 3 Schicht-Bombe oder der Pralinen-Waffel. Von traditionellen Rezepten wie dem zeitlosen Schokoladeneis, bis hin zu originellen Rezepten wie Mojito-Wassereis am Stiel oder Moscato d'Asti-Sorbet. Es handelt sich nicht nur um Genüsse italienischen Ursprungs wie das Cassata-Eis, eine kühle Version der gleichnamigen typisch sizilianischen Süßspeise, sondern auch um anderswo entstandene Rezepte, die aber mit der italienischen Kunst der Eisherstellung die hochwertigen Zutaten und die Kreativität gemein haben. Dazu gehört zum Beispiel das Dessert „Pfirsich Melba“, das 1892 von George Auguste Escoffier zu Ehren der legendären australischen Opernsängerin Helen Porter Mitchell, bekannt unter dem Künstlernamen Nellie Melba, kreiert wurde, die Pfirsiche, Himbeeren und Vanilleeis über alles liebte.

DIE VORZÜGE VON SELBSTGEMACHTEM EIS

Leckeres, selbstgemachtes Eis – auch das beste Speiseeis der besten Eisdiele mit eigener Herstellung kann es geschmacklich nicht mit selbst aus natürlichen Zutaten hergestelltem Eis aufnehmen. Um gutes Eis zu machen – das eine angenehme Konsistenz hat, aber gleichzeitig zart ist, das nicht gleich schmilzt, aber dennoch einen cremigen Schmelz hat, das Energie spendet, aber gleichzeitig leicht ist, kühl, aber nicht kalt ist – sind vor allem drei Dinge wichtig: Die Qualität und Frische der Zutaten, was hier wie bei jedem anderen Rezept gilt, die Ausgewogenheit, was bedeutet, dass der feuchte Teil der Mischung, der einzige, der gefriert, in einem korrekten Mischungsverhältnis zu den Zutaten steht, die kein Wasser enthalten und daher nicht gefrieren können (die nicht gefrierenden Zutaten müssen ca. 35-40 % der Masse bilden), sowie die strenge Einhaltung der Hygienestandards, da sämtliche Zutaten und Küchenutensilien einen Nährboden für Bakterien und andere Mikroorganismen darstellen.

Wenn die Kälte ihren Weg in die Dessertküche findet

Eis selbst zu machen, ist wirklich einfach. Im Wesentlichen sind dabei folgende Schritte zu beachten: Das Abwiegen und die Vorbereitung der Zutaten (frische Früchte müssen z. B. vorher gewaschen, geputzt und zerkleinert werden), das Mischen der Zutaten (kalt oder heiß, je nach Rezept, wobei aber immer eine homogene Masse hergestellt wird), das Ruhenlassen der Mischung im Kühlschrank und das Aufschlagen (in der Eismaschine oder von Hand). Wird das Eis nicht sofort serviert, kann es bei einer Temperatur von -14 ° C bis -16 ° C eingefroren werden. Nicht sofort verzehrtes Eis lässt sich in abgedeckten Behältern im Gefrierfach aufbewahren. Doch um so länger es aufbewahrt wird, desto härter wird es.

Die Utensilien des Eismachers
Theoretisch wäre es möglich, Eis auch ohne Eismaschine zu machen, doch praktisch kommt Eis, wie wir es heute kennen, nicht ohne die Hilfe dieses wichtigen Utensils aus. Beim Aufschlagen oder Rühren mit der Hand führt das langsame Einfrieren der Mischung zur Bildung größerer Eiskristalle, wodurch eine gröbere Textur mit weniger cremigem Schmelz entsteht, was ein Mangel des Endprodukts wäre (dagegen aber bei der Granita erwünscht ist).
Die Eismaschine ist eine Alltagsversion der von Profis verwendeten Maschinen, die die Masse unter ständigem Rühren auf eine Temperatur unter dem Gefrierpunkt abgekühlt. Beim Rühren wird Luft aufgenommen, damit das Eis mehr Volumen erhält. So entsteht eine zarte, cremige Mischung und kein Eisblock. Eine Eismaschine kann entweder über einen integrierten Kühlkompressor verfügen oder eine Vorkühlung des Behälters in der Gefriertruhe erfordern. Wie lange das Aufschlagen dauert, ist ganz unterschiedlich, da es von der Art der Zutaten, der Raumtemperatur und der Kühlleistung der verwendeten Eismaschine abhängt. Das Eis ist in der Regel fertig, wenn der Rührarm der Maschine es nicht mehr oder nur noch als Block bewegt, oder wenn es nicht mehr fester wird. Neben der Eismaschine werden für die Eisherstellung noch weitere Utensilien benötigt. So zum Beispiel ein Messbecher, in dem die Flüssigkeiten dosiert werden können, ein feinmaschiges und ein großmaschiges Sieb, um die Faserteile der Früchte und mögliche Verunreinigungen zu entfernen, ein Küchenspatel, der bei der Herstellung von Eis unverzichtbar ist, ein Eisdosierer, den es in verschiedenen Formen, Größen und Materialien gibt, eine Digitalwaage, um feste oder halbfeste Zutaten zu wiegen, ein digitales Thermometer, um die Temperatur der heißen oder kalten Zutaten genau zu messen, ein Mixstab, um halbfeste Zutaten wie z.B. Früchte zu pürieren.

Eine Reihe von Utensilien, die je nach Bedarf zum Einsatz kommen, haben Sie wahrscheinlich bereits. Wie etwa einen elektrischen Mixer zum Schlagen von Sahne und Eiweiß, eine Saftpresse, Töpfe, Löffel, Gabeln, Messer, Schüsseln, Schalen, Formen usw.

Wichtige Tipps

Hier sind einige grundlegende Tricks, um leckeres Eis herzustellen. Häufig wird der Fehler gemacht, zu viel Zucker zu verwenden. Das führt nicht nur dazu, dass das Eis sehr süß wird, sondern es gefriert außerdem schwerer. Zwar sorgt der Zucker dafür, dass das Eis cremig bleibt, doch zu viel Zucker kann die Mischung daran hindern, richtig fest zu werden, vor allem dann, wenn die Eismaschine keine hohe Kühlleistung besitzt. Bei der Verwendung von Früchten ist Vorsicht geboten. Alle Fruchtstücke müssen sorgfältig püriert werden. Früchte haben einen hohen Wasseranteil und wenn sie nicht gut zerkleinert werden, gefriert das Eis sofort, sobald wir es ins Gefrierfach stellen. Dann spürt man beim Essen kleine Eisstückchen zwischen den Zähnen, was kein angenehmes Gefühl ist ...

Wenn Sie die Mischung in die Stahlschüssel der Eismaschine geben, muss auf das Fassungsvermögen des Behälters geachtet werden, denn beim Aufschlagen nimmt die Mischung Luft auf, wodurch ihr Volumen (um ca. 25%) anwächst. Bevor eine neue Eissorte hergestellt wird, müssen sowohl der Behälter als auch das Rührwerk gut gereinigt werden, denn nicht immer führt die Begegnung verschiedener Geschmacksrichtungen zu einem leckeren Ergebnis.

Da selbstgemachtes Eis schnell seine Konsistenz verliert, sollten Sie nicht zu viel davon herstellen. Reste halten sich nur für kurze Zeit im Gefrierfach. Ideal wäre es, das Eis nach der Zubereitung sofort zu verzehren.

Kleiner Knigge

Sie können die Eiscreme in Bechern oder Gläsern aus Glas, Metall oder Keramik servieren. Die Eisbecher sollten einen langen Stiel haben. Jeder Becher sollte auf einem Tellerchen serviert werden, auf dem eine winzige Serviette liegt.

Weil selbstgemachtes Eis sehr schnell schmilzt (obwohl es durch den Zusatz von Dextrose und Stabilisatoren cremiger und konsistenter wird), sollten die Becher vorher für eine Weile im Gefrierfach oder Kühlschrank aufbewahrt und nur kurz vor dem Servieren mit Eis gefüllt werden. Für das Servieren im Becher können Sie einen Eisportionierer verwenden, mit dem Sie Kugeln herstellen können, um so das Eis gleichmäßig zu verteilen. Das Eis kann dann mit Schlagsahne, frischem Obst oder Trockenfrüchten, Keksen, Waffeln, Kirschen in Sirup, kandierten Blumen usw. dekoriert werden. Es gibt spezielle Eislöffel, sie haben die Form einer kleinen Schaufel ohne Spitze, kleine Portionen Eis können so leichter in den Mund befördert werden.

Eistorten oder Eisbomben werden in Scheiben oder Stücke geschnitten serviert und können, je nach Form, auf mit Papierspitzendeckchen ausgelegten Tellern angerichtet werden. Kommt das Eis als Dessert zum Abschluss eines Mittag- oder Abendessens auf den Tisch, wird es erst nach dem Kaffee serviert. Das Sorbet ist eher für den Moment zwischen zwei Gängen gedacht, genauer zwischen dem Fisch- und dem Fleischgang. Der säuerliche und intensive Geschmack sorgt dafür, dass der Mund gereinigt und der Magen auf konsistentere Gerichte und Weine vorbereitet wird. Das Sorbet darf nur aus einer Kugel und einer einzigen Geschmacksrichtung bestehen und wird in einem kleinen Becher oder Glas serviert.

SCHLAGSAHNE, EIN GENUSS FÜR NASCHKATZEN

Gesüßte Schlagsahne, im Italienischen früher auch „Milchschnee" genannt, ist ein wahrer Genuss für jede Naschkatze. Sie ist in Italien seit dem sechzehnten Jahrhundert bekannt und man findet sie in den Rezepten vieler berühmter Köche wie Cristoforo di Messisbugo, der am Hof der Este in Ferrara tätig war, oder Bartolomeo Scappi, der in den Küchen des Vatikans unter Papst Pius IV. und Pius V. arbeitete.

Die Zubereitung

Gesüßte Schlagsahne wird häufig in Form wolkenweicher Sahnehäubchen zum Garnieren von Eis verwendet und lässt sich ganz leicht zubereiten. Zutaten für 4-6 Personen: 250 ml Schlagsahne (35 % Fett) und 30-45 Gramm Zucker. Sie ist in 5 bis 10 Minuten fertig. Mischen Sie die Sahne (bei einer Temperatur von 2 - 5 °C, sonst wird sie nicht fest) mit dem Zucker (Menge nach Belieben) in einer Schüssel mit nach innen gewölbtem Boden (die Sahne nimmt beim Schlagen Luft auf, wodurch sich ihr Volumen verdoppelt). Zum Schlagen eignet sich ein Schneebesen oder ein elektrischer Mixer. Bewahren Sie die Schlagsahne bis zum Servieren im Kühlschrank auf.

Wenn es warm ist, sollten Sie die Schüssel und den Schneebesen oder Mixer vor dem Schlagen der Sahne für ein paar Minuten ins Gefrierfach stellen. Schlagen Sie die Sahne zu lange, wird sie zu Butter. Schlagsahne kann nach einiger Zeit wieder in sich zusammenfallen. Dann kann sie jedoch - wie Flüssigsahne – einfach erneut geschlagen werden. Da Schlagsahne dazu neigt, Gerüche zu absorbieren, sollte sie im Kühlschrank in einem geschlossenen Behälter aufbewahrt werden.

CREMEEIS

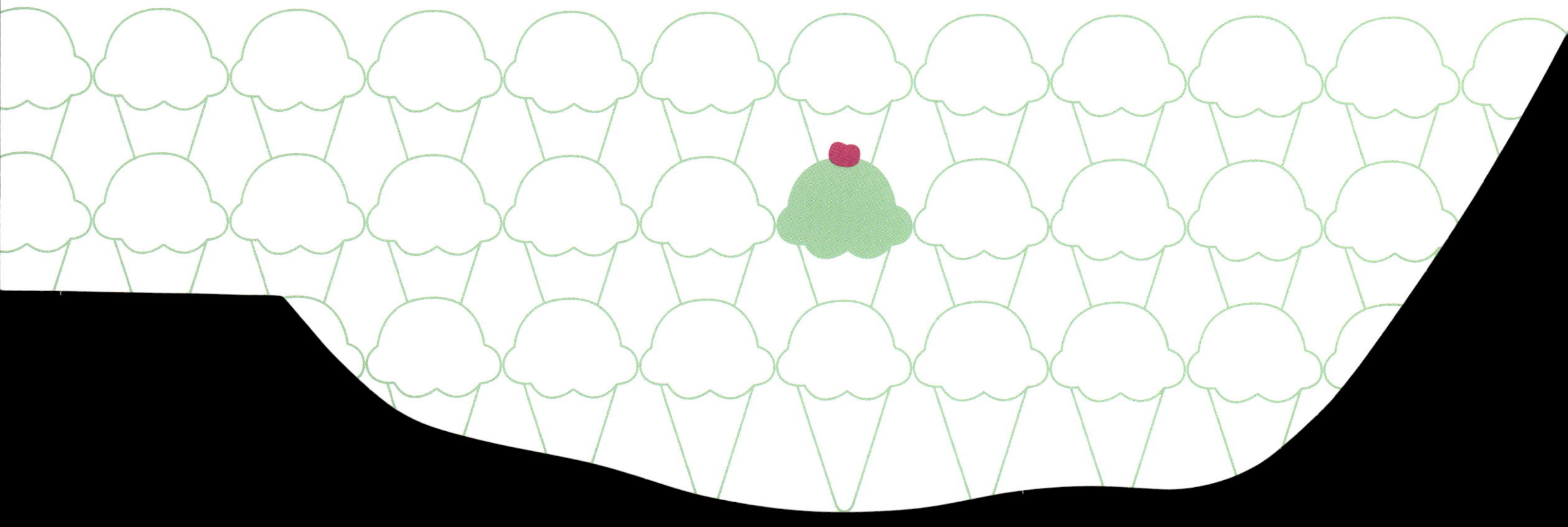

BACIO-EIS

Zutaten für ca. 800 Gramm Eis

Für das Eis

375 g Grundmischung für Zartbitter-Schokoladeneis (Rezept S. 30)
375 g Grundmischung für Crema-Eis (Rezept S. 48)
75 g Piemonteser Haselnusspaste

Für die Dekoration

gehackte Piemonteser Haselnüsse

Zubereitung

Vermengen Sie mit einem Mixstab sorgfältig die Grundmischung für Schokoeis mit der für Crema-Eis und der Haselnusspaste.
Rühren Sie die Masse in einer Eismaschine glatt, bis sie eine schaumig-feste Konsistenz hat und nicht mehr glänzt (die Zeit hängt von der verwendeten Eismaschine ab).
Richten Sie das Bacio-Eis in Portionsschalen oder Waffeln an und bestreuen Sie es mit gehackten Haselnüssen.

Vorbereitung: 1 Stunde - Ruhezeit: 6 Stunden
Schwierigkeitsgrad: mittel

MÜRBEKEKS-EIS

Zutaten für ca. 850 Gramm Eis

500 ml Vollmilch
120 g Zucker
80 ml Sahne
20 g Magermilchpulver
15 g Dextrose
3,5 g Emulgator
120 g Mürbekekse

Zubereitung

Erhitzen Sie die Milch in einem kleinen Topf auf 45 °C. Zucker, Milchpulver, Dextrose und Emulgator trocken vermengen und in die Milch rieseln lassen. Auf 65 °C erhitzen, die Sahne unterrühren und bei 85 °C pasteurisieren. Die Mürbekekse grob zerkleinern und der kochenden Mischung beigeben, dann rasch auf 4 °C abkühlen, indem Sie die Masse in ein Gefäß umfüllen, das in einer Schüssel mit Eiswasser steht. 6 Stunden bei 4 °C ruhen lassen. Mit einem Mixstab verrühren, anschließend die Masse in einer Eismaschine glattrühren, bis sie eine schaumig-feste Konsistenz hat und nicht mehr glänzt (die Zeit hängt von der verwendeten Eismaschine ab).
Richten Sie das Eis in Portionsschalen oder Waffeln an.

Vorbereitung: 1 Stunde - Ruhezeit: 6 Stunden
Schwierigkeitsgrad: mittel

CHEESECAKE-EIS

Zutaten für ca. 1 Kilo Eis

Für das Eis
575 ml Vollmilch
190 g Zucker
23 g Magermilchpulver
13 g Dextrose
4,5 g Emulgator
180 g Frischkäse

Für die Erdbeersauce
250 g Erdbeeren
100 g Zucker
15 g Maisstärke
Saft von 1/4 Zitrone

Für die Dekoration
Butterkekse

Zubereitung

Erhitzen Sie die Milch in einem kleinen Topf auf 45 °C. Zucker, Milchpulver, Dextrose und Emulgator trocken vermengen und in die Milch rieseln lassen. Auf 65 °C erhitzen und bei 85 °C pasteurisieren, dann rasch auf 4 °C abkühlen, indem Sie die Masse in ein Gefäß umfüllen, das in einer Schüssel mit Eiswasser steht. 6 Stunden bei 4 °C ruhen lassen. Den Frischkäse hinzugeben und mit einem Mixstab verrühren, anschließend die Masse in einer Eismaschine glattrühren, bis sie eine schaumig-feste Konsistenz hat und nicht mehr glänzt (die Zeit hängt von der verwendeten Eismaschine ab).
Für die Erdbeersauce vermengen Sie die Erbeeren mit Zucker und Stärke, geben den Zitronensaft hinzu und lassen die Mischung ein paar Minuten kochen. Abkühlen lassen.
Mit der Erdbeersauce und, je nach Geschmack, mit Butterkeks-Krümeln servieren.

Vorbereitung: 1 Stunde - Ruhezeit: 6 Stunden
Schwierigkeitsgrad: mittel

WEISSES SCHOKOLADENEIS

ZUTATEN FÜR CA. 1 KILO EIS

350 ml Vollmilch
350 g weiße Schokolade
300 ml Grundmischung für Fior-di-Latte-Eis (Rezept S. 62)

ZUBEREITUNG

Zerkleinern Sie die weiße Schokolade und geben Sie sie in eine Schüssel.
Bringen Sie die Milch in einem kleinen Topf zum Kochen.
Gießen Sie die Milch über die Schokolade und vermengen Sie alles gründlich.
Die Grundmischung für Fior-di-Latte-Eis hinzugeben, verrühren und rasch auf 4 °C abkühlen, indem Sie die Masse in ein Gefäß umfüllen, das in einer Schüssel mit Eiswasser steht.
6 Stunden bei 4 °C ruhen lassen.
Rühren Sie die Masse in einer Eismaschine glatt, bis sie eine schaumig-feste Konsistenz hat und nicht mehr glänzt (die Zeit hängt von der verwendeten Eismaschine ab).
Das weiße Schokoladeneis in Portionsschalen oder Waffeln anrichten.

Vorbereitung: 1 Stunde - Ruhezeit: 6 Stunden
Schwierigkeitsgrad: mittel

WEISSES SCHOKOLADENEIS MIT PASSIONSFRUCHT

ZUTATEN FÜR CA. 1 KILO EIS

200 ml Vollmilch
235 ml Wasser
125 g Zucker
50 g Glucose
3,5 g Emulgator
225 g Passionsfruchtmark
140 g weiße Schokolade

ZUBEREITUNG

Zerkleinern Sie die weiße Schokolade und geben Sie sie in eine Schüssel. Erhitzen Sie Milch und Wasser in einem kleinen Topf auf 45 °C. Den Zucker und den Emulgator trocken vermengen und in die Milch rieseln lassen, dabei auch die Glucose hinzugeben. Bei 85 °C pasteurisieren und über die weiße Schokolade gießen, dabei gut verrühren, bis die Schokolade ganz geschmolzen ist. Das Passionsfruchtmark unterrühren und rasch auf 4 °C abkühlen, indem Sie die Masse in ein Gefäß umfüllen, das in einer Schüssel mit Eiswasser steht. 6 Stunden bei 4 °C ruhen lassen, anschließend in einer Eismaschine glattrühren, bis die Masse eine schaumig-feste Konsistenz hat und nicht mehr glänzt (die Zeit hängt von der verwendeten Eismaschine ab).
Richten Sie das Eis in einzelnen Bechern oder Waffeln an.

Vorbereitung: 1 Stunde - Ruhezeit: 6 Stunden
Schwierigkeitsgrad: mittel

SCHOKO-
HIMBEER-EIS

Zutaten für ca. 1 Kilo Eis

400 ml Vollmilch
50 g Magermilchpulver
110 g Zucker
40 g Glucose
3,5 g Emulgator
100 ml Sahne
200 g Himbeeren
100 g Zartbitterschokolade

Zubereitung

Zerkleinern Sie die Schokolade und geben Sie sie in eine Schüssel.
Erhitzen Sie die Milch in einem kleinen Topf auf 45 °C.
Zucker, Milchpulver und Emulgator trocken vermengen und in die Milch rieseln lassen, dabei auch die Glucose hinzugeben. Erhitzen Sie das Ganze auf 65 °C und rühren Sie die Sahne unter. Bei 85 °C pasteurisieren und über die Schokolade gießen, dabei gut verrühren, bis die Schokolade ganz geschmolzen ist. Dann rasch auf 4 °C abkühlen, indem Sie die Masse in ein Gefäß umfüllen, das in einer Schüssel mit Eiswasser steht.
6 Stunden bei 4 °C ruhen lassen, die Himbeeren hinzugeben und sorgfältig mit einem Mixstab verrühren, anschließend in einer Eismaschine glattrühren, bis die Masse eine schaumig-feste Konsistenz hat und nicht mehr glänzt (die Zeit hängt von der verwendeten Eismaschine ab).
Richten sie das Schoko-Himbeer-Eis in Portionsschalen oder Waffeln an.

Vorbereitung: 1 Stunde - Ruhezeit: 6 Stunden
Schwierigkeitsgrad: mittel

ZARTBITTER-
SCHOKOLADENEIS

Zutaten für ca. 700 Gramm Eis

500 ml Vollmilch
130 g Zucker
50 g Zartbitterkakao
15 g Dextrose
3,5 g Emulgator
10 g Zartbitterschokolade 70%

Zubereitung

Erwärmen Sie die Milch in einem kleinen Topf auf ca. 45 °C.
In der Zwischenzeit den Zucker, die Dextrose, den Emulgator und den Zartbitterkakao trocken vermengen und in die Milch rieseln lassen. Auf 65 °C erhitzen und bei 85 °C pasteurisieren.
Die Zartbitterschokolade hinzugeben, verrühren und rasch auf 4 °C abkühlen, indem Sie die Masse in ein Gefäß umfüllen, das in einer Schüssel mit Eiswasser steht.
6 Stunden bei 4 °C ruhen lassen. Rühren Sie die Masse anschließend in einer Eismaschine glatt, bis sie eine schaumig-feste Konsistenz hat und nicht mehr glänzt (die Zeit hängt von der verwendeten Eismaschine ab).
Richten Sie das Eis in Portionsschalen oder Waffeln an.

Vorbereitung: 1 Stunde - Ruhezeit: 6 Stunden
Schwierigkeitsgrad: mittel

TURINER GIANDUJA-EIS

Zutaten für ca. 1 Kilo Eis

900 g Grundmischung für Zartbitter-Schokoladeneis (Rezept S. 30)
90 g Piemonteser Haselnusspaste
45 g Akazienhonig

Zubereitung

Vermengen Sie mit einem Mixstab sorgfältig die Grundmischung für Schokoeis mit der Haselnusspaste und dem Akazienhonig.
Rühren Sie die Masse in einer Eismaschine glatt, bis sie eine schaumig-feste Konsistenz hat und nicht mehr glänzt (die Zeit hängt von der verwendeten Eismaschine ab).
Richten Sie das Turiner Gianduja-Eis in Portionsschalen oder Waffeln an.

Vorbereitung: 1 Stunde - Ruhezeit: 6 Stunden
Schwierigkeitsgrad: mittel

KIWIEIS

Zutaten für ca. 1 Kilo Eis

300 g ungeschälte Kiwis
300 ml Wasser
225 ml Vollmilch
225 g Zucker
Saft von 1/4 Zitrone
3,5 g Emulgator

Zubereitung

Schälen Sie die Kiwis und schneiden Sie sie in Stücke. Sie benötigen etwa 250 Gramm.
Separat den Zucker und den Emulgator trocken vermengen.
Pürieren Sie die Kiwis mit dem Wasser und lassen Sie das Pulver hineinrieseln.
Geben Sie den Zitronensaft hinzu.
6 Stunden bei 4 °C ruhen lassen, die Milch hinzugeben und in einer Eismaschine glattrühren, bis die Masse eine schaumig-feste Konsistenz hat und nicht mehr glänzt (die Zeit hängt von der verwendeten Eismaschine ab).
Belegen Sie den Boden einiger Schälchen mit Kiwi-Scheiben, einen Löffel Eis drübergeben und das Ganze servieren.

Vorbereitung: 20 Minuten - Ruhezeit: 6 Stunden
Schwierigkeitsgrad: leicht

MANGOEIS

Zutaten für ca. 1 Kilo Eis

100 ml Vollmilch
125 ml Wasser
500 g Mangomark
15 ml Zitronensaft
200 g Zucker
25 g Glucose
4,5 g Emulgator

Zubereitung

Erhitzen Sie Milch und Wasser in einem kleinen Topf auf 45 °C. Den Zucker und den Emulgator trocken vermengen und in die Milch rieseln lassen, dabei auch die Glucose hinzugeben. Bei 85 °C pasteurisieren und rasch auf 4 °C abkühlen, indem Sie die Masse in ein Gefäß umfüllen, das in einer Schüssel mit Eiswasser steht. Das Mangomark unterrühren und 6 Stunden bei 4 °C ruhen lassen. Geben Sie anschließend den Zitronensaft hinzu und rühren Sie die Masse in einer Eismaschine glatt, bis sie eine schaumig-feste Konsistenz hat und nicht mehr glänzt (die Zeit hängt von der verwendeten Eismaschine ab). Richten Sie das Mangoeis in Portionsschalen oder Waffeln an und dekorieren Sie es, je nach Geschmack, mit einigen Mangoscheibchen.

Vorbereitung: 1 Stunde - Ruhezeit: 6 Stunden
Schwierigkeitsgrad: leicht

MELONENEIS

Zutaten für ca. 1 Kilo Eis

300 ml Vollmilch
100 ml Wasser
400 g Melonenmark
160 g Zucker
40 g Glucose
20 g Dextrose
5 g Emulgator
10 ml Zitronensaft

Zubereitung

Erhitzen Sie Milch und Wasser in einem kleinen Topf auf 45 °C. Zucker, Dextrose und Emulgator trocken vermengen und in die Milch rieseln lassen. Die Glucose hinzugeben und bei 85 °C pasteurisieren, dann rasch auf 4 °C abkühlen, indem Sie die Masse in ein Gefäß umfüllen, das in einer Schüssel mit Eiswasser steht. 6 Stunden bei 4 °C ruhen lassen, Melone und Zitronensaft hinzugeben und das Ganze mit einem Mixstab verrühren. Anschließend in einer Eismaschine glatt rühren, bis die Masse eine schaumig-feste Konsistenz hat und nicht mehr glänzt (die Zeit hängt von der verwendeten Eismaschine ab). Richten Sie das Meloneneis in Portionsschalen oder Waffeln an.

Vorbereitung: 20 Minuten - Ruhezeit: 6 Stunden
Schwierigkeitsgrad: leicht

PISTAZIENEIS

Zutaten für ca. 800 Gramm Eis

500 ml Vollmilch
120 g Zucker
20 g Magermilchpulver
25 g Dextrose
3,5 g Emulgator
75 ml Sahne
90 g reine Pistazienpaste

Zubereitung

Erhitzen Sie die Milch in einem kleinen Topf auf 45 °C. Zucker, Milchpulver, Dextrose und Emulgator trocken vermengen und in die Milch rieseln lassen.
Auf 65 °C erhitzen, die Sahne unterrühren und bei 85 °C pasteurisieren.
Die Pistazienpaste hinzugeben, sorgfältig mit einem Mixstab verrühren und rasch auf 4 °C abkühlen, indem Sie die Masse in ein Gefäß umfüllen, das in einer Schüssel mit Eiswasser steht.
6 Stunden bei 4 °C ruhen lassen. Rühren Sie die Masse anschließend in einer Eismaschine glatt, bis sie eine schaumig-feste Konsistenz hat und nicht mehr glänzt (die Zeit hängt von der verwendeten Eismaschine ab).
Richten Sie das Pistazieneis in Portionsschalen oder Waffeln an.

Vorbereitung: 1 Stunde - Ruhezeit: 6 Stunden
Schwierigkeitsgrad: mittel

WEISSES MANDEL-NUGAT-EIS

Zutaten für ca. 800 Gramm Eis

500 ml Vollmilch
120 g Zucker
20 g Magermilchpulver
15 g Dextrose
3,5 g Emulgator
80 ml Sahne
80 g weißes Mandel-Nugat

Zubereitung

Erhitzen Sie die Milch in einem kleinen Topf auf 45 °C. Zucker, Milchpulver, Dextrose und Emulgator trocken vermengen und in die Milch rieseln lassen. Auf 65 °C erhitzen, die Sahne unterrühren und bei 85 °C pasteurisieren. Dann rasch auf 4 °C abkühlen, indem Sie die Masse in ein Gefäß umfüllen, das in einer Schüssel mit Eiswasser steht. 6 Stunden bei 4 °C ruhen lassen, inzwischen das Mandel-Nugat grob zerkleinern.

Rühren Sie die Masse in einer Eismaschine glatt. Wenn das Eis fast fertig ist, geben Sie das zerkleinerte Mandel-Nugat hinzu und lassen Sie die Eismaschine weiterarbeiten, bis die Masse eine schaumig-feste Konsistenz hat und nicht mehr glänzt (die Zeit hängt von der verwendeten Eismaschine ab).

Richten Sie das Eis in Portionsschalen oder Waffeln an.

Vorbereitung: 1 Stunde - Ruhezeit: 6 Stunden
Schwierigkeitsgrad: mittel

BANANENEIS

Zutaten für ca. 1 Kilo Eis

400 ml Vollmilch
400 g Mark reifer Bananen
160 g Zucker
40 g Glucose
20 g Dextrose
6 g Emulgator

Zubereitung

Erhitzen Sie Milch in einem kleinen Topf auf 45 °C.
Separat Zucker, Dextrose und Emulgator trocken vermengen und in die Milch rieseln lassen. Die Glucose hinzugeben und bei 85 °C pasteurisieren. Dann rasch auf 4 °C abkühlen, indem Sie die Masse in ein Gefäß umfüllen, das in einer Schüssel mit Eiswasser steht.
6 Stunden bei 4 °C ruhen lassen, die Bananen hinzugeben und das Ganze mit einem Mixstab verrühren, anschließend in einer Eismaschine glattrühren, bis die Masse eine schaumig-feste Konsistenz hat und nicht mehr glänzt (die Zeit hängt von der verwendeten Eismaschine ab).
Richten Sie das Bananeneis in Portionsschalen oder Waffeln an.

Vorbereitung: 20 Minuten - Ruhezeit: 6 Stunden
Schwierigkeitsgrad: leicht

KASTANIENEIS

Zutaten für ca. 1 Kilo Eis

535 ml Vollmilch
150 g getrocknete Kastanien
90 g Zucker
25 g Magermilchpulver
20 g Dextrose
6,5 g Emulgator
65 ml Sahne

Zubereitung

Lassen Sie die Kastanien 12 Stunden in kaltem Wasser quellen. Dann die Kastanien abgießen, gut abspülen und in frischem Wasser ca. eine Stunde kochen, bis sie gar sind. Anschließend abkühlen lassen und durch ein Passiersieb geben. 265 Gramm abwiegen. Erhitzen Sie die Milch in einem kleinen Topf auf 45 °C. Zucker, Milchpulver, Dextrose und Emulgator trocken vermengen und in die Milch rieseln lassen. Auf 65 °C erhitzen, die Sahne unterrühren und bei 85 °C pasteurisieren. Das Kastanienpüree hinzugeben und rasch auf 4 °C abkühlen, indem Sie die Masse in ein Gefäß umfüllen, das in einer Schüssel mit Eiswasser steht. 6 Stunden bei 4 °C ruhen lassen, dann die Masse in einer Eismaschine glattrühren, bis sie eine schaumig-feste Konsistenz hat und nicht mehr glänzt (die Zeit hängt von der verwendeten Eismaschine ab). Richten Sie das Kastanieneis in Portionsschalen oder Waffeln an.

Vorbereitung: 1 Stunde 30 Minuten - Quellzeit: 12 Stunden
Ruhezeit: 6 Stunden - Schwierigkeitsgrad: mittel

CREMA- UND VANILLEEIS

Zutaten für ca. 800 Gramm (Crema- oder Vanille-) Eis

500 ml Vollmilch
3 Eigelb
150 g Zucker
20 g Dextrose
15 g Magermilchpulver
3,5 g Emulgator
50 ml Sahne
Schale einer halben Zitrone
eine Vanilleschote
3 Kaffeebohnen

Zubereitung

Für das Crema-Eis erhitzen Sie die Milch in einem kleinen Topf auf 45 °C zusammen mit einer halben, nicht eingeritzeten Vanilleschote, den Kaffeebohnen und der Zitronenschale (schälen Sie mit einem Kartoffelschäler nur das Gelbe ab). Zucker, Milchpulver, Dextrose und Emulgator trocken vermengen und in die Milch rieseln lassen. Auf 65 °C erhitzen, Sahne und Eigelb hinzugeben und bei 85 °C pasteurisieren. Rasch auf 4 °C abkühlen, 6 Stunden bei 4 °C ruhen lassen, anschließend die Masse durch ein Sieb streichen und in einer Eismaschine glattrühren, bis sie eine schaumig-feste Konsistenz hat und nicht mehr glänzt (die Zeit hängt von der verwendeten Eismaschine ab). Für das Vanilleeis lassen Sie die Kaffeebohnen und die Zitrone weg und verwenden Sie stattdessen die ganze Vanilleschote. Ritzen Sie die Schote mit der Messerspitze ein, schaben Sie die Samen heraus und geben Sie sie in die Milch. Entfernen Sie die Schote, bevor Sie die Masse in die Eismaschine füllen, filtern Sie aber nicht die Samen heraus.

Vorbereitung: 1 Stunde - Ruhezeit: 6 Stunden
Schwierigkeitsgrad: mittel

ERDBEEREIS

Zutaten für ca. 1 Kilo Eis

100 ml Vollmilch
245 ml Wasser
450 g Erdbeeren
12 ml Zitronensaft
230 g Zucker
5 g Emulgator

Zubereitung

Erhitzen Sie Milch und Wasser in einem kleinen Topf auf 45 °C.
Den Zucker und den Emulgator trocken vermengen und in die Milch rieseln lassen.
Bei 85 °C pasteurisieren und rasch auf 4 °C abkühlen, indem Sie die Masse in ein Gefäß umfüllen, das in einer Schüssel mit Eiswasser steht.
Die entstrunkten, gewaschenen und zerstampften Erdbeeren und den Zitronensaft hinzugeben, 6 Stunden bei 4 °C ruhen lassen, anschließend in einer Eismaschine glattrühren, bis die Masse eine schaumig-feste Konsistenz hat und nicht mehr glänzt (die Zeit hängt von der verwendeten Eismaschine ab).
Richten Sie das Erdbeereis in Portionsschalen oder Waffeln an.

Vorbereitung: 1 Stunde - Ruhezeit: 6 Stunden
Schwierigkeitsgrad: leicht

MANDELEIS

Zutaten für ca. 850 Gramm Eis

500 ml Vollmilch
120 g Zucker
20 g Magermilchpulver
20 g Dextrose
3,5 g Emulgator
50 ml Sahne
100 g geschälte süße Mandeln
einige Bittermandeln (wahlweise)

Zubereitung

Erhitzen Sie die Milch in einem kleinen Topf auf 45 °C. Zucker, Milchpulver, Dextrose und Emulgator trocken vermengen und in die Milch rieseln lassen. Auf 65 °C erhitzen, die Sahne unterrühren und bei 85 °C pasteurisieren. Dann rasch auf 4 °C abkühlen, indem Sie die Masse in ein Gefäß umfüllen, das in einer Schüssel mit Eiswasser steht. 6 Stunden bei 4 °C ruhen lassen. Rösten Sie die geschälten süßen Mandeln bei 170 °C einige Minuten im Ofen. Nehmen Sie sie heraus, sobald sie eine leichte Färbung annehmen. Abkühlen lassen und in der Küchenmaschine solange mahlen, bis eine glatte Creme entsteht. Für einen intensiveren Geschmack können Sie einige Bittermandeln hinzugeben. Vermengen Sie die Mischung mit der Creme und verrühren Sie das Ganze mit einem Mixstab. Anschließend in einer Eismaschine glattrühren, bis die Masse eine schaumig-feste Konsistenz hat und nicht mehr glänzt (die Zeit hängt von der verwendeten Eismaschine ab).

Vorbereitung: 1 Stunde - Ruhezeit: 6 Stunden
Schwierigkeitsgrad: mittel

HASELNUSSEIS

Zutaten für ca. 800 Gramm Eis

500 ml Vollmilch
3 Eigelb
150 g Zucker
25 g Dextrose
15 g Magermilchpulver
3,5 g Emulgator
Schale von 1/4 Zitrone
1/4 Vanilleschote
3 Kaffeebohnen
80 g Piemonteser Haselnusspaste

Zubereitung

Erhitzen Sie die Milch in einem kleinen Topf auf 45 °C zusammen mit der (nicht eingeritzeten) Vanilleschote, den Kaffeebohnen und der Zitronenschale (schälen Sie mit einem Kartoffelschäler nur das Gelbe ab). Zucker, Milchpulver, Dextrose und Emulgator trocken vermengen und in die Milch rieseln lassen. Auf 65 °C erhitzen, die Eigelbe, verdünnt in einem Teil der Mischung, unterrühren und bei 85 °C pasteurisieren.
Streichen Sie die Masse durch ein Sieb, geben Sie die Haselnusspaste hinzu und verrühren Sie das Ganze sorgfälitig mit einem Mixstab. Anschließend rasch auf 4 °C abkühlen, indem Sie die Masse in ein Gefäß umfüllen, das in einer Schüssel mit Eiswasser steht.
6 Stunden bei 4 °C ruhen lassen, anschließend in einer Eismaschine glattrühren, bis die Masse eine schaumig-feste Konsistenz hat und nicht mehr glänzt (die Zeit hängt von der verwendeten Eismaschine ab).
Richten Sie das Haselnusseis in Portionsschalen oder Waffeln an.

Vorbereitung: 1 Stunde - Ruhezeit: 6 Stunden
Schwierigkeitsgrad: mittel

JOGHURTEIS

Zutaten für ca. 1 Kilo Eis

365 ml Vollmilch
165 g Zucker
28 g Magermilchpulver
20 g Dextrose
5 g Emulgator
420 g Magerjoghurt

Zubereitung

Erhitzen Sie die Milch in einem kleinen Topf auf 45 °C.
Zucker, Milchpulver, Dextrose und Emulgator trocken vermengen und in die Milch rieseln lassen.
Bei 85 °C pasteurisieren und rasch auf 4 °C abkühlen, indem Sie die Masse in ein Gefäß umfüllen, das in einer Schüssel mit Eiswasser steht.
6 Stunden bei 4 °C ruhen lassen, dann den Joghurt hinzugeben.
Rühren Sie die Masse in einer Eismaschine glatt, bis sie eine schaumig-feste Konsistenz hat und nicht mehr glänzt (die Zeit hängt von der verwendeten Eismaschine ab).
Richten Sie das Joghurteis in Portionsschalen oder Waffeln an.

Vorbereitung: 1 Stunde - Ruhezeit: 6 Stunden
Schwierigkeitsgrad: mittel

ZABAIONE-
EIS

Zutaten für ca. 1 Kilo Eis

360 ml Vollmilch
40 ml Wasser
250 ml trockener Marsalawein
8 Eigelb
180 g Zucker
25 g Dextrose
15 g Magermilchpulver
5 g Emulgator

Zubereitung

Lassen Sie den Marsalawein 2 Minuten in einem kleinen Topf kochen (passen Sie auf, dass er sich nicht entzündet), fügen Sie dann das Wasser und die Milch hinzu. Zucker, Milchpulver, Dextrose und Emulgator trocken vermengen und in die Milch rieseln lassen. Das Eigelb mit einem Teil der Flüssigkeit verdünnen, der restlichen Mischung beigeben und das Ganze bei 85 °C pasteurisieren. Rasch auf 4 °C abkühlen, indem Sie die Masse in ein Gefäß umfüllen, das in einer Schüssel mit Eiswasser steht. 6 Stunden bei 4 °C ruhen lassen, anschließend in einer Eismaschine glattrühren, bis die Masse eine schaumig-feste Konsistenz hat und nicht mehr glänzt (die Zeit hängt von der verwendeten Eismaschine ab).
Das Zabaione-Eis in Portionsschalen oder Waffeln anrichten und servieren.

Vorbereitung: 1 Stunde - Ruhezeit: 6 Stunden
Schwierigkeitsgrad: mittel

WEISSES KAFFEEEIS

Zutaten für ca. 750 Gramm Eis

500 ml Vollmilch
120 g Zucker
20 g Magermilchpulver
15 g Dextrose
3,5 g Emulgator
75 ml Sahne
30 g Arabica-Kaffeebohnen

Zubereitung

Lassen Sie die Kaffeebohnen 12 Stunden in der kalten Milch ziehen. Die Milch durchseihen, in einen kleinen Topf gießen und auf 45 °C erhitzen. Zucker, Milchpulver, Dextrose und Emulgator trocken vermengen und in die Milch rieseln lassen. Auf 65 °C erhitzen, die Sahne unterrühren und bei 85 °C pasteurisieren. Dann rasch auf 4 °C abkühlen, indem Sie die Masse in ein Gefäß umfüllen, das in einer Schüssel mit Eiswasser steht. 6 Stunden bei 4 °C ruhen lassen. Rühren Sie die Masse in einer Eismaschine glatt, bis sie eine schaumig-feste Konsistenz hat und nicht mehr glänzt (die Zeit hängt von der verwendeten Eismaschine ab). Das weiße Kaffeeeis in Portionsschalen oder Waffeln anrichten und servieren.

Vorbereitung: 1 Stunde - Ziehzeit: 12 Stunden - Ruhezeit: 6 Stunden
Schwierigkeitsgrad: mittel

FIOR-DI-LATTE- UND STRACCIATELLA-EIS

ZUTATEN FÜR CA. 800 GRAMM (FIOR-DI-LATTE- ODER STRACCIATELLA-) EIS

Für das Fior-di-Latte-Eis
500 ml Vollmilch
120 g Zucker
20 g Magermilchpulver
15 g Dextrose
3,5 g Emulgator
125 ml Sahne

Für das Stracciatella-Eis
90 g gehackte Zartbitterschokolade

ZUBEREITUNG

Für das Fior-di-Latte-Eis gießen Sie die Milch in einen kleinen Topf und erhitzen Sie sie auf 45 °C. Zucker, Milchpulver, Dextrose und Emulgator trocken vermengen und in die Milch rieseln lassen. Auf 65 °C erhitzen, die Sahne unterrühren und bei 85 °C pasteurisieren. Dann rasch auf 4 °C abkühlen, indem Sie die Masse in ein Gefäß umfüllen, das in einer Schüssel mit Eiswasser steht. 6 Stunden bei 4 °C ruhen lassen. Rühren Sie die Masse in einer Eismaschine glatt, bis sie eine schaumig-feste Konsistenz hat und nicht mehr glänzt (die Zeit hängt von der verwendeten Eismaschine ab). Für das Stracciatella-Eis vermengen Sie einfach die gehackte Zartbitterschokolade mit dem Fior-di-Latte-Eis, das Sie soeben gemacht haben. Das Fior-di-Latte- (oder Stracciatella-) Eis in Portionsschalen oder Waffeln anrichten und servieren.

Vorbereitung: 1 Stunde - Ruhezeit: 6 Stunden
Schwierigkeitsgrad: mittel

MARMOREIS MIT SAUERKIRSCHEN

ZUTATEN FÜR CA. 1 KILO EIS

Für das Crema-Eis
500 ml Vollmilch
3 Eigelb
150 g Zucker
20 g Dextrose

15 g Magermilchpulver
3,5 g Emulgator
50 ml Sahne
Schale einer halben Zitrone
eine halbe Vanilleschote
3 Kaffeebohnen

Für die Kirsch-Marmorierung
250 g entkernte Sauerkirschen
Saft von 1/4 Zitrone
150 g Zucker
30 g Maisstärke

ZUBEREITUNG

Für die Marmorierung kochen Sie in einem Topf die Sauerkirschen mit dem Zitronensaft, geben den mit der Maisstärke vermengten Zucker hinzu und lassen das Ganze ein paar Minuten kochen. Abkühlen lassen. Für das Crema-Eis erhitzen Sie die Milch in einem Topf mit der halben, nicht eingeritzeten Vanilleschote, den Kaffeebohnen und der Zitronenschale (schälen Sie mit einem Kartoffelschäler nur das Gelbe ab) auf 45 °C. Zucker, Milchpulver, Dextrose und Emulgator trocken vermengen und in die Milch rieseln lassen. Auf 65 °C erhitzen, Sahne und Eigelb hinzugeben und bei 85 °C pasteurisieren. Rasch auf 4 °C abkühlen, indem Sie die Masse in ein Gefäß umfüllen, das in einer Schüssel mit Eiswasser steht. 6 Stunden bei 4 °C ruhen lassen, durch ein Sieb streichen und in einer Eismaschine glattrühren, bis die Masse eine schaumig-feste Konsistenz hat und nicht mehr glänzt (die Zeit hängt von der verwendeten Eismaschine ab). Marmorieren Sie das Eis mit der Kirschsauce und heben Sie etwas davon für die Dekoration auf.

Vorbereitung: 1 Stunde - Ruhezeit: 6 Stunden
Schwierigkeitsgrad: mittel

SORBET, GRANITA UND WASSEREIS

ZITRONEN-WASSEREIS AM STIEL

Zutaten für 4 Wassereis am Stiel

200 ml Wasser
45 g Zucker
5 g Dextrose
70 ml Zitronensaft

Zubereitung

Lösen Sie den Zucker und die Dextrose in dem kaltem Wasser auf und geben Sie dann den durchgeseihten Zitronensaft hinzu. Gießen Sie alles in die Stieleisformen und stecken Sie die Stiele hinein. Stellen Sie das Wassereis zwei bis vier Stunden ins Gefrierfach, bis es gefroren ist. Je nach Geschmack können Sie dünne Zitronenscheibchen in die Formen geben, bevor Sie den Stiel hineinstecken.

Vorbereitung: 15 Minuten - Gefrierzeit: 2-4 Stunden
Schwierigkeitsgrad: leicht

MOJITO-WASSEREIS AM STIEL

ZUTATEN FÜR 6 WASSEREIS AM STIEL

220 ml Wasser
40 g Rohrzucker
80 ml Limettensaft
40 ml Rum
frische Minze

ZUBEREITUNG

Lösen Sie den Zucker in dem kalten Wasser auf, geben Sie dann den durchgeseihten Limettensaft hinzu. Verrühren Sie die Mischung mit dem Rum und geben Sie einige kleingezupfte frische Minzblätter hinzu, die Sie vorher gewaschen und abgetrocknet haben. Gießen Sie alles in die Stieleisformen (Sie können auch gewöhnliche Plastikbecher nehmen) und stecken Sie die Stiele hinein. Stellen Sie das Eis zwei bis vier Stunden ins Gefrierfach, bis es gefroren ist.

Vorbereitung: 15 Minuten - Gefrierzeit: 2-4 Stunden
Schwierigkeitsgrad: leicht

KAFFEE-GRANITA

Zutaten für ca. 500 Gramm Granita

150 ml Espresso-Kaffee
255 ml Wasser
100 g Zucker

Zubereitung

Lösen Sie den Zucker im heißen Kaffee auf,
geben Sie dann das Wasser hinzu und lassen alles abkühlen.
Gießen Sie die Mischung in eine Schüssel und stellen Sie sie ins Eisfach.
Verrühren Sie die Granita von Zeit zu Zeit mit einem Schneebesen.
Schlagen Sie jeweils den Teil der Granita, der anfängt zu gefrieren.
Fahren Sie damit fort, bis ein gleichmäßig feines Eisgranulat entsteht.
Nehmen Sie die Granita aus dem Gefrierschrank und servieren Sie sie in Portionsbechern.

Vorbereitung: 15 Minuten - Gefrierzeit: 2-4 Stunden
Schwierigkeitsgrad: leicht

MANDELMILCH-GRANITA

Zutaten für ca. 500 Gramm Granita

200 g Mandeln
600 ml Wasser
70 g Zucker
12 g Dextrose

Zubereitung

Mahlen Sie die Mandeln fein. Rühren Sie das Wasser unter und stellen Sie die Mischung für einige Stunden in den Kühlschrank. Wringen Sie anschließend die Mischung in einem sauberen Tuch aus, um die Mandelmilch herauszupressen. Lösen Sie den Zucker und die Dextrose in der kalten Milch auf. Stellen Sie die Flüssigkeit ins Gefrierfach, bis sie anfängt zu gefrieren. Von Zeit zu Zeit gut mit einem Schneebesen verrühren und ins Eisfach zurückstellen. Wiederholen Sie den Vorgang mindestens 4- bis 5-mal, bis die Granita fertig ist (das dauert etwa 2 bis 4 Stunden).
Nehmen Sie die Mandelmilch-Granita aus dem Eisfach und servieren Sie sie in Portionsgläsern.

Vorbereitung: 15 Minuten - Ruhezeit: 8 Stunden - Gefrierzeit: 2-4 Stunden - Schwierigkeitsgrad: leicht

MINZ-
GRANITA

Zutaten für ca. 500 Gramm Granita

400 ml Wasser
40 g Zucker
100 ml Minzsirup

Für die Dekoration
frische Minzblätter (wahlweise)

Zubereitung

Bereiten Sie einen Zuckersirup zu, indem Sie Wasser und Zucker eine Minute kochen lassen.
Abkühlen lassen und den Minzsirup hinzugeben.
Stellen Sie die Flüssigkeit ins Eisfach, bis sie anfängt zu gefrieren.
Die Masse von Zeit zu Zeit gut mit einem Schneebesen verrühren und ins Eisfach zurückstellen.
Wiederholen Sie den Vorgang mindestens 4- bis 5-mal, bis die Granita fertig ist.
Nehmen Sie die Granita aus dem Eisschrank, servieren Sie sie in einzelnen Bechern
und dekorieren Sie sie, je nach Geschmack, mit frischen Minzblättern,
die Sie vorher gewaschen und abgetrocknet haben.

Vorbereitung: 15 Minuten - Gefrierzeit: 2-4 Stunden
Schwierigkeitsgrad: leicht

ZITRONEN-SORBET

Zutaten für ca. 1 Kilo Sorbet

485 ml Wasser
210 ml Zitronensaft
210 g Saccharose
40 g Glucosesirup-Pulver
15 g Dextrose
8 g Emulgator

Zubereitung

Vermischen Sie Saccharose, Glucosesirup-Pulver, Dextrose und Emulgator. In das kochende Wasser rieseln lassen, gut mit dem Schneebesen verrühren und auf eine Temperatur von 65 °C bringen. Abkühlen und 6 Stunden bei 4 °C ruhen lassen. Rühren Sie den Zitronensaft unter und geben Sie die Masse in eine Eismaschine, anschließend gattrühren, bis sie eine trockene, ungekörnte Konsistenz hat (die Zeit hängt von der verwendeten Eismaschine ab). Richten Sie das Zitronen-Sorbet in Bechern an.

Vorbereitung: 30 Minuten - Ruhezeit: 6 Stunden
Schwierigkeitsgrad: leicht

MOSCATO D'ASTI-SORBET

Zutaten für ca. 1 Kilo Sorbet

225 ml Wasser
240 g Zucker
35 ml Glucosesirup
5 g Emulgator
500 ml Moscato d'Asti DOCG

Zubereitung

Vermengen Sie den Zucker und den Emulgator.
Ins kochende Wasser rieseln lassen, dabei den Glucosesirup hinzugeben und auf eine Temperatur von 65 °C bringen. Die Mischung dabei ständig mit mit einem Schneebesen verrühren. Abkühlen und 6 Stunden bei 4 °C ruhen lassen.
Rühren Sie den Moscato d'Asti unter und geben Sie Masse in eine Eismaschine, anschließend gatt rühren, bis sie eine trockene, ungekörnte Konsistenz hat (die Zeit hängt von der verwendeten Eismaschine ab).
Richten Sie das Moscato d'Asti-Sorbet in Bechern an.

Vorbereitung: 30 Minuten - Ruhezeit: 6 Stunden
Schwierigkeitsgrad: leicht

ROSA-GRAPEFRUIT-SORBET

Zutaten für ca. 1 Kilo Sorbet

235 ml Wasser
270 g Zucker
40 ml Glucosesirup
3 g Emulgator
460 ml Rosa Grapefruitsaft (ca. 5 Grapefruits)
10 ml Zitronensaft

Zubereitung

Vermengen Sie den Zucker und den Emulgator.
Ins kochende Wasser rieseln lassen, dabei den Glucosesirup hinzugeben und auf eine Temperatur von 65 °C bringen. Die Mischung dabei ständig mit mit einem Schneebesen verrühren. Abkühlen und 6 Stunden bei 4 °C ruhen lassen.
Rühren Sie den Zitronensaft und den Saft der Rosa Grapefruit unter und geben Sie Masse in eine Eismaschine, anschließend gattrühren, bis sie eine trockene, ungekörnte Konsistenz hat (die Zeit hängt von der verwendeten Eismaschine ab).
Richten Sie das Rosa-Grapefruit-Sorbet in Bechern an.

Vorbereitung: 30 Minuten - Ruhezeit: 6 Stunden
Schwierigkeitsgrad: leicht

ANANAS-SORBET

ZUTATEN FÜR CA. 1 KILO SORBET

280 ml Wasser
100 g Zucker
45 g Dextrose
16 ml Glucosesirup
4,5 g Emulgator
540 g Ananasmark
15 ml Zitronensaft

ZUBEREITUNG

Vermengen Sie den Zucker, die Dextrose und den Emulgator.
Ins kochende Wasser rieseln lassen, dabei den Glucosesirup hinzugeben und auf eine Temperatur von 65 °C bringen. Die Mischung dabei ständig mit mit einem Schneebesen verrühren. Abkühlen und 6 Stunden bei 4 °C ruhen lassen.
Geben Sie den Zitronensaft und das Ananasmark hinzu, verrühren Sie alles gut mit einem Mixstab, und geben Sie die Masse in eine Eismaschine. Die Masse anschließend glattrühren, bis sie eine trockene, ungekörnte Konsistenz hat (die Zeit hängt von der verwendeten Eismaschine ab). Richten Sie das Ananas-Sorbet in Bechern an.

Vorbereitung: 30 Minuten - Ruhezeit: 6 Stunden
Schwierigkeitsgrad: leicht

ERDBEER-
SORBET

Zutaten für ca. 800 Gramm Erdbeer-Sorbet

300 g Erdbeeren
300 ml Wasser
200 g Zucker
15 g Dextrose
Saft einer 1/4 Zitrone
4 g Emulgator

Zubereitung

Die Erdbeeren sorgfältig waschen, vorsichtig abtrocknen und in Stücke schneiden. Separat Zucker, Dextrose und Emulgator trocken vermengen. Pürieren Sie die Erdbeeren mit dem Wasser und lassen Sie die trockene Mischung hineinrieseln. Geben Sie den Zitronensaft hinzu. 6 Stunden bei 4 °C ruhen lassen und in der Eismaschine glatt rühren, bis die Masse eine trockene, ungekörnte Konsistenz hat (die Zeit hängt von der verwendeten Eismaschine ab). Richten Sie das Erdbeer-Sorbet in einzelnen Bechern oder Waffeln an.

Vorbereitung: 20 Minuten - Ruhezeit: 6 Stunden
Schwierigkeitsgrad: leicht

EISTORTEN, EISBECHER MINIS & SNACKS

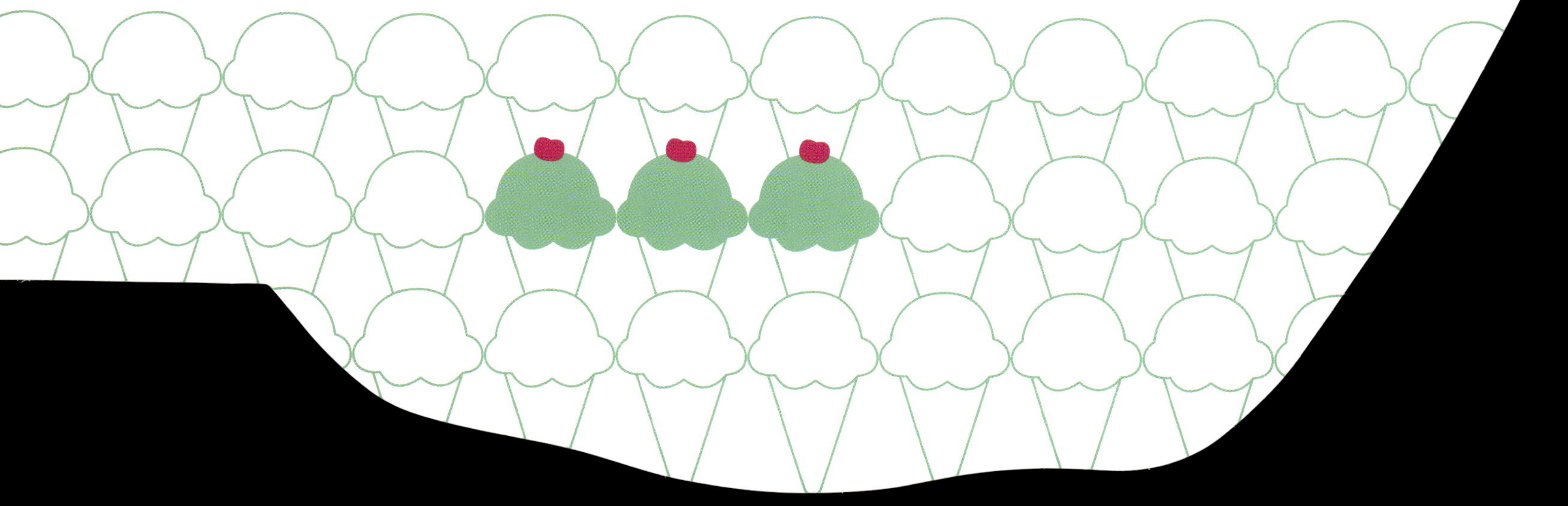

BANANENSPLIT

Zutaten für 4 Eisbecher

4 Bananen
150 g Vanilleeis (Rezept S. 48)
150 g Erdbeereis (Rezept S. 50)
150 g Zartbitter-Schokoladeneis (Rezept S. 30)

Für die Schokosauce

40 ml Sahne
5 g Glucose (wahlweise)
40 g Zartbitterschokolade

Für die Dekoration

120 g gesüßte Schlagsahne

Zubereitung

Für die Zubereitung der Schokosauce kochen Sie die Sahne, gegebenenfalls mit der Glucose, und gießen Sie diese über die zerkleinerte Zartbitterschokolade. Sorgfältig mit einem weichen Spatel verrühren, bis Sie eine glatte, sämige Sauce erhalten.

Geben Sie je eine der Länge nach aufgeschnittene Banane (erst kurz vor dem Servieren, damit die Banane nicht braun wird) in ein längliches Schälchen (die Schälchen zuvor möglichst im Gefrierfach kühlen) und richten Sie je eine Kugel der drei Eissorten zwischen den Bananenhälften an. Dekorieren Sie das Ganze mit der Schlagsahne aus einem Spritzbeutel mit Sterntülle und der Schokosauce (erwärmen Sie diese, falls erforderlich, im Wasserbad oder in der Mikrowelle).

Vorbereitung: 10 Minuten
Schwierigkeitsgrad: leicht

CAPPUCCINO-EISKEKSE

Zutaten für ca. 15 Eiskekse

Für das Eis
500 ml Vollmilch
120 g Zucker
20 g Magermilchpulver
15 g Dextrose
3,5 g Emulgator
80 ml Sahne
5 g löslicher Kaffee

Für die Schokoladenkekse
250 g Mehl
140 g Butter
125 g Zucker
3 Eigelb
15 g Zartbitterkakao
eine Prise Salz

Zubereitung

Für die Kekse auf einem Backbrett die leicht angewärmte Butter mit dem Zucker vermischen, dann eine Prise Salz und die Eigelbe untermengen. Mehl und Zartbitterkakao hineinsieben und kurz verrühren, bis eine gleichmäßige Masse entsteht. Den Teig in Frischhaltefolie wickeln und mindestens 1 Stunde im Kühlschrank ruhen lassen. Mit einem Nudelholz ca. 3 mm dick auf dem mit Mehl bestreuten Backbrett ausrollen und mit einem Teigausstecher Kreise von ca. 6 cm Durchmesser ausstechen. Auf einem mit Backpapier ausgelegten Blech verteilen und ca. 15 Minuten bei 180 °C backen. Für das Eis die Milch auf 45 °C erwärmen. Zucker, Milchpulver, Dextrose und Emulgator trocken vermengen und in die Milch rieseln lassen. Auf 65 °C erhitzen, die Sahne unterrühren und bei 85 °C pasteurisieren. Der kochenden Mischung den löslichen Kaffee beigeben und rasch auf 4 °C abkühlen. 6 Stunden bei 4 °C ruhen lassen. Anschließend die Masse in einer Eismaschine glattrühren (die Zeit hängt von der verwendeten Eismaschine ab). Füllen Sie je zwei Kekse, die Sie vorher im Gefrierfach gekühlt haben, mit dem Eis und bewahren Sie sie bis zum Verzehr im Eisfach auf.

Vorbereitung: 1 Stunde 30 Minuten - Backzeit: 15 Minuten
Ruhezeit: 6 Stunden - Schwierigkeitsgrad: mittel

CREMA-SCHOKO-EISKEKSE

Zutaten für ca. 15 Eiskekse

450 g Crema-Eis
(Rezept S. 48)
450 g Zartbitter-Schokoladeneis
(Rezept S. 30)

Für den Kakao-Mürbeteig
250 g Mehl
140 g Butter
125 g Zucker
3 Eigelb
15 g Zartbitterkakao
eine Prise Salz

Für den Vanille-Mürbeteig
125 g Mehl
75 g Butter
65 g Zucker
2 Eigelb
eine Prise Vanillepulver
eine Prise Salz

Zubereitung

Für den Vanille-Mürbeteig verkneten Sie auf einem Backbrett die leicht angewärmte Butter mit dem Zucker, dann die Eigelbe und eine Prise Salz untermengen. Mehl und Vanillepulver hineinsieben und kurz verrühren, bis Sie eine gleichmäßige Masse erhalten. Den Teig in Frischhaltefolie wickeln und mind. 1 Stunde im Kühlschrank ruhen lassen, bevor Sie fortfahren. Für den Kakao-Mürbeteig verfahren Sie genauso, nur sieben Sie hier das Mehl mit dem Kakao anstatt mit dem Vanillepulver in den Teig. Die beiden Mürbeteige mit einem Nudelholz ca. 3 mm dick auf dem mit Mehl bestreuten Backbrett ausrollen und rechteckige, 6x7 cm große Kekse oder je nach Belieben andere Formen ausstechen. Auf einem mit Backpapier ausgelegten Blech verteilen und bei 180 °C ca. 15 Minuten backen. Füllen Sie je zwei Kekse, die Sie vorher im Gefrierfach gekühlt haben, mit den beiden Eissorten und bewahren Sie sie bis zum Verzehr im Eisfach auf.

Vorbereitung: 1 Stunde 30 Minuten - Backzeit: 15 Minuten
Ruhezeit: 6 Stunden - Schwierigkeitsgrad: mittel

3-SCHICHT-EISBOMBE

ZUTATEN FÜR 6-8 PERSONEN

Für das Eis
300 g Crema-Eis (Rezept S. 48)
300 g Zartbitter-Schokoladeneis (Rezept S. 30)
300 g Haselnusseis (Rezept S. 54)

Für das Schokoladenbiskuit
1 Eiweiß
30 g Kristallzucker
1 Eigelb
10 g Kakao

ZUBEREITUNG

Für das Biskuit das Eigelb und das mit dem Zucker aufgeschlagene Eiweiß vorsichtig vermengen, den Kakao unterrühren. Mit einem Spritzbeutel auf einem mit Backpapier ausgelegten Blech den Biskuitboden formen und ca. 15 Minuten bei 160 °C backen. Nehmen Sie drei halbrunde gewölbte Metallformen, die größte mit einem Durchmesser von ca. 18 cm. Füllen Sie zuerst die kleinste vollständig mit dem Crema-Eis. Das Eis mit einem Küchenspatel glatt streichen und mind. 1 Stunde ins Gefrierfach stellen. Das Eis herausnehmen, indem Sie die Form unter kaltes Wasser halten. Die Crema-Eiskuppel zurück ins Gefrierfach stellen. Kleiden Sie die mittlere Form mit einer Schicht Schokoladeneis aus und geben Sie die Crema-Eiskuppel hinein, mit einem Spatel glatt streichen und mind. 1 Stunde ins Gefrierfach stellen. Dann die Eismasse aus der Form nehmen und ins Gefrierfach zurückstellen. Kleiden Sie die größte Form mit einer Schicht Haselnusseis aus und geben Sie die Crema-Schokoladen-Kuppel hinein, mit dem Schokoladenbiskuit abschließen und mind. 1 Stunde zurück ins Gefrierfach stellen. Aus der Form nehmen und nach Belieben dekorieren.

Vorbereitung: 1 Stunde - Backzeit: 15 Minuten - Gefrierzeit: 3 Stunden
Schwierigkeitsgrad: schwer

CASSATA-EIS

Zutaten für 4 Cassata-Eistörtchen

150 g Pistazieneis (Rezept S. 40)
150 g Zartbitter-Schokoladeneis (Rezept S. 30)
250 g Fior-di-Latte-Eis (Rezept S. 62)
50 g Zitronat- und Orangeatwürfel

Zubereitung

Kleiden Sie die Cassata-Metallformen mit einer Schicht Pistazieneis aus.
Mindestens eine halbe Stunde im Eisfach hart werden lassen, dann denselben Vorgang mit dem Zartbitter-Schokoladeneis wiederholen.
Mindestens eine halbe Stunde im Gefrierfach fest werden lassen, anschließend mit dem Fior-di-Latte-Eis und den fein gewürfelten kandierten Früchten füllen.
Die Cassata-Eistörtchen mindestens eine halbe Stunde ins Gefrierfach zurückstellen, bis sie ganz fest sind.
Halten Sie die Formen wenige Sekunden unter kaltes Wasser, um die Törtchen herauszunehmen.

Vorbereitung: 1 Stunde - Gefrierzeit: 1 Stunde 30 Minuten
Schwierigkeitsgrad: mittel

AMARETTO-WAFFEL

Zutaten für ca. 10 Waffeln

10 Waffeln (Eistüten)

Für das Amaretto-Eis
500 ml Vollmilch
125 g Zucker
20 g Magermilchpulver
3,5 g Emulgator
125 ml Sahne
10 ml Amaretto-Likör
200 g Amaretti-Kekse

Für die Dekoration
150 g Vollmilchschokolade
10 Amarettini-Kekse
20 g geröstete Mandelblättchen
scheiben

Zubereitung

Die Milch auf 45 °C erhitzen. Zucker, Milchpulver und Emulgator trocken vermengen und in die Milch rieseln lassen. Auf 65 °C erhitzen, die Sahne unterrühren, bei 85 °C pasteurisieren und rasch auf 4 °C abkühlen. 6 Stunden bei 4 °C ruhen lassen, den Likör hinzugeben, anschließend in einer Eismaschine glattrühren, bis die Masse eine schaumig-feste Konsistenz hat und nicht mehr glänzt (die Zeit hängt von der verwendeten Eismaschine ab). Wenn das Eis fast fertig ist, die zerkleinerten Amaretti hinzugeben. Zehn kegelstumpfförmige Silikonformen (ca. 6x5 cm) mit einem kleinen Spatel oder Spritzbeutel befüllen und 1 Stunde ins Gefrierfach stellen. Das Eis aus den Formen nehmen und im Gefrierfach aufbewahren. Die Schokolade bei ca. 45 °C schmelzen und unter Umrühren auf 32°C abkühlen lassen. Den oberen Teil der Waffeln in die Schokolade eintauchen, überschüssige Schokolade abtropfen lassen und in jede Waffel einen Eiskegel geben. Einige Minuten ins Eisfach stellen. Das Eis zügig in die Schokolade tauchen, überschüssige Schokolade abtropfen lassen und mit Mandeln und 1 Amarettini-Keks garnieren.

Vorbereitung: 1 Stunde - Ruhezeit: 6 Stunden - Gefrierzeit: 1 Stunde
Schwierigkeitsgrad: mittel

SAHNE-SCHOKO-KIRSCH-WAFFEL

Zutaten für ca. 10 Waffeln

10 Waffeln (Eistüten)
600 g Fior-di-Latte-Eis
(Rezept S. 62)
600 g Zartbitter-Schokoladeneis
(Rezept S. 30)

Für die Dekoration
150 g Zartbitterschokolade
bunte Zuckerstreusel
40-50 Amarenakirschen (in Sirup eingelegte Sauerkirschen)

Zubereitung

Für die Verzierung die Schokolade bei ca. 45° C schmelzen und dann unter Umrühren auf 32° C abkühlen lassen.
Waffeln mit der Oberseite in Schokolade eintauchen, überschüssige Schokolade abtropfen lassen und den Rand mit Zuckerstreuseln bestreuen.
Geben Sie die beiden Eissorten in zwei Einweg-Spritzbeutel und befüllen Sie die Waffeln abwechselnd mit beiden Sorten. Fügen Sie auch einige abgetropfte Amarenakirschen hinzu.
Stellen Sie die Waffeln in einen Waffelhalter und lassen Sie sie mindestens eine halbe Stunde im Gefrierfach fest werden.
Nehmen Sie die Waffeln heraus und dekorieren Sie sie mit den restlichen Amarenakirschen.

Vorbereitung: 1 Stunde - Ruhezeit: 6 Stunden - Gefrierzeit: 30 Minuten
Schwierigkeitsgrad: mittel

PRALINEN-WAFFEL

ZUTATEN FÜR CA. 6 WAFFELN

6 Waffeln (Eistüten)

Für das Pralinen-Eis
500 ml Vollmilch
3 Eigelb
150 g Zucker
25 g Dextrose
15 g Magermilchpulver
3,5 g Emulgator

Für die Pralinen-Nuss-Creme
70 g geröstete Haselnüsse
50 g Zucker
10 ml Wasser

Für die Zartbitterglasur
125 g Zartbitterschokolade
40 g Kakaobutter

Für die Dekoration
50 g gehackte Haselnüsse

ZUBEREITUNG

In einem kleinen Topf den Zucker mit dem Wasser karamellisieren, Haselnüsse hinzugeben und kochen lassen, bis die Mischung dunkler wird, dann auf ein eingeöltes Blech gießen. Abkühlen lassen und in der Küchenmaschine zu einer zähen Masse verarbeiten. Erhitzen Sie die Milch auf 45 °C. Zucker, Milchpulver, Dextrose und Emulgator trocken vermengen und hineinrieseln lassen. Auf 65 °C erhitzen, die mit einem Teil der Mischung verdünnten Eigelbe beigeben und bei 85 °C pasteurisieren. Dann die Pralinen-Nuss-Creme hinzugeben, sorgfältig verrühren und rasch auf 4 °C abkühlen. 6 Stunden bei 4 °C ruhen lassen, anschließend in der Eismaschine glattrühren. Füllen Sie das Eis in sechs halbrunde Silikonförmchen und in die Waffeln, die kopfüber in die Förmchen gestellt werden. Min. 1 Stunde ins Gefrierfach stellen. Die Schokolade und die Kakaobutter bei ca. 45 °C schmelzen, dann unter Umrühren auf 32 °C abkühlen lassen. Das Eis aus den Formen nehmen und oberen Teil in die Glasur tauchen, abtropfen lassen und mit gehackten Haselnüssen bestreuen.

Vorbereitung: 1 Stunde - Ruhezeit: 6 Stunden - Gefrierzeit: 1 Stunde
Schwierigkeitsgrad: schwer

MINZ-SCHOKO-EIS AM STIEL

Zutaten für ca. 10 Eisstiele

Für das weiße Minzeis
500 ml Vollmilch
120 g Zucker
20 g Magermilchpulver
15 g Dextrose
3,5 g Emulgator
125 ml Sahne
ätherisches Minzöl

Für die Marmorierung
60 ml grüner Minzsirup

Für die Zartbitterglasur
200 g Zartbitterschokolade
65 g Kakaobutter
Speisegold-Krümel

Zubereitung

Erhitzen Sie die Milch in einem kleinen Topf auf 45 °C. Zucker, Milchpulver, Dextrose und Emulgator trocken vermengen und hineinrieseln lassen. Auf 65 °C erhitzen, die Sahne unterrühren und bei 85 °C pasteurisieren, dann das Minzöl hinzugeben und rasch auf 4 °C abkühlen. 6 Stunden bei 4 °C ruhen lassen, anschließend in der Eismaschine glattrühren. Sobald das Eis fertig ist, mit dem Minzsirup marmorieren. Füllen Sie das Eis mit einem Spritzbeutel in Formen für Eis am Stiel oder in gewöhnliche Plastikbecher und stecken Sie die Holzstiele hinein. Im Gefrierfach mindestens zwei Stunden fest werden lassen.
Für die Glasur schmelzen Sie die Schokolade und die Kakaobutter bei ca. 45 °C, dann unter Umrühren auf 32°C abkühlen lassen. Die Eisstiele aus den Formen nehmen und diese zügig in die Glasur tauchen, überschüssige Glasur abtropfen lassen und je nach Geschmack mit Speisegold-Krümeln bestreuen. Vor dem Servieren einige Minuten ins Eisfach stellen.

Vorbereitung: 1 Stunde - Ruhezeit: 6 Stunden - Gefrierzeit: 2 Stunden
Schwierigkeitsgrad: mittel

HASELNUSSEIS AM STIEL

Zutaten für ca. 10 Eis am Stiel

700 g Haselnusseis (Rezept S. 54)

Für die Zartbitterglasur
250 g Zartbitterschokolade
80 g Kakaobutter

Für die Dekoration
100 g geröstete Haselnüsse

Zubereitung

Füllen Sie das Haselnusseis mit einem Spritzbeutel in Silikonformen für Eis am Stiel, dann die Holzstiele hineinstecken und mit einem Spatel glatt streichen. Mindestens zwei Stunden im Gefrierfach fest werden lassen. Die gerösteten Haselnüsse grob zerkleinern und beiseitestellen. Für die Glasur schmelzen Sie die Schokolade und die Kakaobutter bei ca. 45 °C, dann unter Umrühren auf 32°C abkühlen lassen. Das Eis aus den Formen nehmen und zügig in die Glasur tauchen, überschüssige Glasur abtropfen lassen, mit den Haselnüssen bestreuen. Stellen Sie das Eis vor dem Servieren einige Minuten ins Eisfach.

Vorbereitung: 30 Minuten - Ruhezeit: 2 Stunden
Schwierigkeitsgrad: mittel

VANILLE-MILCHSCHOKOLADE-EIS AM STIEL

Zutaten für ca. 10 Eisstiele

700 g Vanilleeis (Rezept S. 48)

Für die Vollmilchglasur
250 g Vollmilchschokolade
100 g Kakaobutter

Für die Dekoration
50 g Zartbitterschokolade

Zubereitung

Füllen Sie das Vanilleeis mit einem Spritzbeutel in Silikonformen für Eis am Stiel, dann die Holzstiele hineinstecken und mit einem Spatel glatt streichen. Mindestens zwei Stunden im Gefrierfach fest werden lassen. Für die Vollmilchglasur schmelzen Sie die Schokolade und die Kakaobutter bei ca. 45 °C, dann unter Umrühren auf 32 °C abkühlen lassen. Mit der Zartbitterschokolade verfahren Sie dann genauso: Bei ca. 45 °C schmelzen und unter Umrühren auf 32 °C abkühlen lassen. Das Eis aus den Formen nehmen und zügig in die Glasur tauchen, abtropfen lassen und unter Zuhilfenahme einer Spritztüte mit der Zartbitterschokolade dekorieren. Stellen Sie das Eis vor dem Servieren einige Minuten ins Eisfach.

Vorbereitung: 30 Minuten - Ruhezeit: 2 Stunden
Schwierigkeitsgrad: mittel

ERDBEER-BAISER-TORTE

Zutaten für 4-6 Personen

Für die Baiser-Törtchen
3 Eiweiß
180 g Zucker
18 g Maisstärke (wahlweise)
350 g Erdbeereis (Rezept S. 50)

Für die Dekoration
300 g gesüßte Schlagsahne
150 g Erdbeeren
gehackte Pistazien

Zubereitung

Für die Baiser-Törtchen schlagen Sie das Eiweiß und geben Sie, wenn es halb steif ist, etwas Zucker hinzu. Heben Sie am Ende den restlichen Zucker (gegebenenfalls mit Glucose vermengt) per Hand unter. Auf mit Backpapier ausgelegten Blechen zwei ca. 18-20 cm große Baiser-Törtchen und mit der restlichen Masse einige Baiser-Küsse formen und ca. 3 Stunden auf 100 °C bei geöffnetem Dampfventil (oder leicht geöffneter Tür) im Backofen backen. Bis zur Verwendung an einem trockenen Ort aufbewahren.
Verteilen Sie das Erdbeereis mit einem Eisportionierer auf einem der Baiser-Törtchen und drücken Sie das andere Törtchen mit leichtem Druck darauf fest.
Bis zum Verzehr im Gefrierfach aufbewahren. Kurz vor dem Servieren mit der Schlagsahne aus einem Spritzbeutel mit Sterntülle dekorieren. Verzieren Sie die Torte mit den frischen Erdbeeren, einigen zerbrochenen Baiser-Stücken und gehackten Pistazien.

Vorbereitung: 30 Minuten - Backzeit: 3 Stunden
Schwierigkeitsgrad: schwer

BIRNE HELENE

Zutaten für 4 Schälchen

250 g Vanilleeis (Rezept S. 48)

Für die Vanille-Birnen
4 kleine feste Birnen
120 g Zucker
1 Vanilleschote
200 ml Wasser

Für die Schokosauce
80 ml Sahne
10 g Glucose (wahlweise)
80 g Zartbitterschokolade

Für die Dekoration
120 g gesüßte Schlagsahne
10 g geröstete Mandelblättchen

Zubereitung

Bereiten Sie den Vanillesirup zu, indem Sie in einem kleinen Topf den Zucker im Wasser auflösen und die Mischung 2 Minuten zusammen mit der Vanille kochen. Die Birnen schälen, zur Hälfte aufschneiden und das Gehäuse entfernen. Anschließend die Birnen in den Sirup tauchen und 1-2 Minuten aufkochen, dann vom Herd nehmen und abkühlen lassen. Alternativ können Sie auch in Sirup eingelegte Birnen aus der Dose nehmen. Für die Schokosauce kochen Sie die Sahne, nach Wunsch mit Glucose, und gießen Sie diese über die zerkleinerte Schokolade. Sorgfältig mit einem weichen Spatel verrühren, bis Sie eine glatte, sämige Sauce erhalten. In jedes Schälchen (möglichst zuvor im Gefrierfach kühlen) eine Eiskugel geben und mit je zwei halben Vanille-Birnen und etwas Schlagsahne aus einem Spritzbeutel mit Sterntülle anrichten. Mit der Schokosauce (wenn nötig im Wasserbad oder in der Mikrowelle erwärmen) und den Mandelblättchen dekorieren.

Vorbereitung: 30 Minuten - Ruhezeit: 2 Stunden
Schwierigkeitsgrad: mittel

PFIRSICH MELBA

Zutaten für 4 Schälchen

250 g Vanilleeis
(Rezept S. 48)

Für die Sirup-Pfirsiche
2 feste gelbe Pfirsische
120 g Zucker

eine Vanilleschote
200 ml Wasser

Für die Himbeersauce
60 g Himbeeren
25 g Zucker

einige Spritzer Zitronensaft

Für die Dekoration
180 g gesüßte Schlagsahne
10 g geröstete Mandelblättchen

Zubereitung

Tauchen Sie die Pfirsiche 30 Sekunden in einen Topf mit kochendem Wasser, nehmen Sie sie mit einer Schaumkelle heraus und lassen Sie sie in Eiswasser abkühlen, um die Schale leichter entfernen zu können. Die Pfirsiche zur Hälfte aufschneiden und den Kern herauslösen. Bereiten Sie inzwischen den Sirup zu, indem Sie in einem kleinen Topf den Zucker im Wasser auflösen und das Ganze 2 Minuten zusammen mit der Vanille kochen. Die Pfirsiche mit dem Sirup übergießen und 12 Stunden marinieren lassen. Alternativ können Sie auch in Sirup eingelegte Pfirsiche aus der Dose nehmen. Für die Sauce pürieren Sie die Himbeeren mit dem Zucker und dem Zitronensaft und geben Sie das Ganze durch ein Passiersieb. In jedes Schälchen (möglichst zuvor im Gefrierfach kühlen) eine Vanilleeiskugel geben, mit einem halben Sirup-Pfirsich bedecken und einige Spritzer Schlagsahne darüber und darum verteilen. Mit der Himbeersauce und den Mandelblättchen dekorieren.

Vorbereitung: 30 Minuten - Ruhezeit: 12 Stunden
Schwierigkeitsgrad: mittel

TARTUFO-EIS

Zutaten für 4-6 Tartufos

315 g Grundmischung für Zartbitter-Schokoladeneis (Rezept S. 30)
315 g Grundmischung für Vanilleeis (Rezept S. 48)
65 g Haselnusspaste
150 g Zartbitter-Schokoladeneis (Rezept S. 30)
30 g gehackte Haselnüsse
Zartbitter-Kakaopulver

Zubereitung

Vermengen Sie die Grundmischung für Schokoeis mit der für Vanilleeis und der Haselnusspaste und rühren Sie die Masse in einer Eismaschine glatt, bis sie eine schaumig-feste Konsistenz hat und nicht mehr glänzt (die Zeit hängt von der verwendeten Eismaschine ab).
Kleiden Sie die vorgesehenen Metallformen, die Sie im Gefrierschrank aufbewahrt haben, mit dem hergestellten Eis aus. Mit den gehackten Haselnüssen bestreuen und eine Kugel Schokoladeneis hinzugeben, die sich gut mit einem Eisportionierer formen lässt.
Alles mit einem Spatel glatt streichen und mindestens eine Stunde ins Gefrierfach stellen.
Nehmen Sie die Tartufos heraus, indem Sie die Formen unter kaltes Wasser halten, und wenden Sie sie in einer Schüssel mit Kakao.

Vorbereitung: 40 Minuten - Gefrierzeit: 1 Stunde
Schwierigkeitsgrad: leicht

PISTAZIEN-AMARENA-SAHNE-EIS-TORTE

Zutaten für 6-8 Personen

450 g Fior-di-Latte-Eis (Rezept S. 62)
450 g Pistazieneis (Rezept S. 40)
10 Amarenakirschen (in Sirup eingelegte Sauerkirschen)

Für den Baiser-Biskuitboden
50 g Puderzucker
50 g ungeschälte Mandeln
2 Eiweiß
20 g Kristallzucker

Für die Dekoration
10 Amarenakirschen (in Sirup eingelegte Sauerkirschen)
50 g geschälte Pistazien
65 g Zucker
20 ml Wasser

Zubereitung

Für den Baiser-Biskuitboden in der Küchenmaschine Puderzucker und Mandeln verrühren. Die Masse behutsam mit dem mit 20 g Kristallzucker aufgeschlagenen Eiweiß verrühren. Den Biskuit mit einem Spritzbeutel auf ein mit Backpapier ausgelegtes Blech geben. Dabei einen Boden mit ca. 16 cm Durchmesser und einen ca. 3x20 cm großen Streifen formen. Im Backofen ca. 18 Minuten bei 180 °C backen. Den Boden und die Ränder einer 18-cm-Springform mit dem Biskuit auskleiden. Den Rand dabei bis zu zwei Drittel Höhe auskleiden. Zur Hälfte mit dem Pistazien-Eis füllen, einen Teil der abgetropften Amarenakirschen daraufgeben und mit dem Fior-di-Latte-Eis bedecken. Alles mit einem Spatel gatt streichen und einige Stunden ins Gefrierfach stellen. Die Pistazien pulverisieren. In einem kleinen Topf Zucker und Wasser zum Kochen bringen. Die Pistazien hinzufügen und unter Rühren kochen, bis der Zucker kristallisiert ist. Dann auf ein Backblech gießen und auskühlen lassen. Die Torte aus der Form holen und nach Belieben mit den restlichen Sauerkirschen und deren Saft sowie den Pistazien bestreuen.

Vorbereitung: 1 Stunde - Backzeit: 18 Minuten - Gefrierzeit: 2-3 Stunden
Schwierigkeitsgrad: schwer

ALPHABETISCHES REZEPTE-VERZEICHNIS

ALPHABETISCHES ZUTATEN-VERZEICHNIS

Sämtliche Fotografien gehören der Academ a Barilla, außer ©123RF, immagine timer; madllen/123RF, S. 2; Svetlana Foote/123RF, S. 7; Thomas Perkins/123RF, S. 9; Kathleen Ellis/123RF, S. 10; tobi/123RF, S. 13; g215/123RF, S. 14; Svetlana Foote/123RF, S. 123 und 126; subbotina/123RF, S. 125; margouillat/123RF, S. 128 und Titelbild.

ACADEMIA BARILLA

BOTSCHAFTER DER ITALIENISCHEN KÜCHE IN DER GANZEN WELT

Im Herzen von Parma, einer der bekanntesten Hauptstädte der Gastronomie, befindet sich auf dem Gelände der historischen Barilla-Fabrik das Barilla Center, das auch den modernen Komplex der Academia Barilla umfasst. Die Academia Barilla wurde 2004 mit dem Ziel gegründet, den Rang der italienischen Kochkunst zu behaupten, das regional-gastronomische Erbe zu bewahren, es vor Imitationen und Fälschungen zu schützen und die lange Tradition der italienischen Gastronomie zu würdigen. Sie ist eine Begegnungsstätte von höchster Professionalität und herausragendem Können in der Welt der Gastronomie. Die Institution veranstaltet Kochkurse für Liebhaber der Esskultur mit speziellen Angeboten für Vertreter des Sektors und Produkten von höchster Qualität. Für ihr weltweites Engagement für die italienische Gastronomie-Kultur und Kreativität wurde die Academia Barilla 2007 mit dem "Unternehmen-Kultur Preis" ausgezeichnet.

Die Academia Barilla kommt der Ausbildungsnachfrage im Ernährungsbereich nach und verfügt über das nötige Multimedia-Equipment für große Events: Rund um ein spektakuläres gastronomisches Auditorium gruppieren sich ein internes Restaurant, ein Laboratorium der Sinne sowie viele Aulen, ausgestattet mit modernster Technologie. In der gastronomischen Bibliothek werden über 11.000 Bände zu spezifischen Themen und eine ausgefallene Sammlung antiker Rezepte und Drucke über die Kochkunst verwahrt: Der beachtliche Kulturschatz der Bibliothek ist über das Internet einsehbar und bietet Zugang zu hunderten digitalisierten historischen Texten. Dieser fortschrittliche Ansatz und die Präsenz eines Dozententeams von internationalem Ruf garantieren ein vielfältiges Kursangebot, das sowohl die Bedürfnisse der Profis aus der Gastronomie als auch der Hobbyköche befriedigt. Die Academia Barilla veranstaltet zudem kulturelle Begegnungen und Initiativen rund um die kulinarische Wissenschaft, vor großem Publikum und in Gesellschaft von Experten, Köchen und Gastronomie-Kritikern. Außerdem fördert sie den "Kino Preis", der Kurzfilmen über die italienische Kochtradition vorbehalten ist.

www.academiabarilla.it

WHITE STAR VERLAG

WS White Star Verlag® ist eine geschützte Marke
eingetragener Markeninhaber: De Agostini Libri S.p.A.

Via G. da Verrazano 15
28100 Novara, Italien
www.whitestar.it - www.deagostini.it

Übersetzung: TperTradurre S.R.L.

ISBN 978-88-6312-237-4
1 2 3 4 5 6 19 18 17 16 15

Gedruckt in China